MIX
Papier aus verantwor-
tungsvollen Quellen
FSC® C043106

FSC
www.fsc.org

Erschienen bei FISCHER Duden Kinderbuch

© 2016 S. Fischer Verlag GmbH,
Hedderichstr. 114, D-60596 Frankfurt am Main
„Duden" ist eine eingetragene Marke
des Verlags Bibliographisches Institut GmbH, Berlin.

Fachberatung: Ulrike Holzwarth-Raether
Gestaltungskonzept: Farnschläder & Mahlstedt, Hamburg
Layout: Michelle Vollmer, Mainz
Umschlagkonzept: Frauke Schneider, Wittighausen

Druck und Bindung:
Grafisches Centrum Cuno GmbH & Co. KG, Calbe
Printed in Germany
ISBN 978-3-7373-3302-3

Silbe für Silbe

Geschichten aus dem Klassenzimmer

Luise Holthausen, Hanneliese Schulze
mit Bildern von Fabian und Christian Jeremies
und Stefanie Scharnberg

FISCHER Duden Kinderbuch

Inhalt

Die Schildkröte
im Klassenzimmer

Endlich ist Malin
ein Schulkind!
Seit einer Woche geht sie
in die erste Klasse.

Heute gibt Frau Klein
eine lustige Hausaufgabe auf:
„Bringt euer liebstes
Kuscheltier mit", sagt sie.

„Und in der nächsten Stunde
erzählt jeder eine Geschichte.
Über sich
und sein Kuscheltier."

„Ich nehme
meinen Teddy mit",
sagt Dina auf dem Heimweg.

„Ich meinen Affen",
ruft Murat.
„Und ich meine Strickschlange",
fällt Leni ein.

Zu Hause schaut Malin sich
ratlos im Zimmer um.
Am liebsten hat sie eigentlich
ihre Kuscheldecke.

Aber die ist schon
so alt und abgeschabt.
So was kann sie doch nicht
in die Schule mitnehmen!

Da hört sie
ein Rascheln.
Emma wandert
durch ihren Käfig.

Emma ist ihre Schildkröte.

Und da hat Malin auf einmal

eine Idee …

Am nächsten Tag
machen sie in der Schule
einen Stuhlkreis.

Vor ihnen

in der Mitte

sitzen alle Kuscheltiere

auf einer Decke:

Dinas Teddy, Murats Affe,

Lenis Strickschlange

und sogar eine Schildkröte

aus Stoff.

„Mein Teddy ist mal
in die Badewanne gefallen",
erzählt Dina.

Lenis Schlange fährt
immer mit ihr Fahrrad.
Und Murats Affe ist sogar
schon in die Türkei gereist!

Dann ist Malin dran.

Ihr Ranzen ist umgefallen

und die Klappe offen.

Sie greift hinein.

Aber nur etwas Streu
kommt heraus.
„Emma ist weg!",
ruft Malin.

„Heißt Emma
dein liebstes Kuscheltier?",
fragt Frau Klein.

„Emma heißt meine Schildkröte",
schluchzt Malin.
„Sie ist eine echte Schildkröte
und mein allerliebstes Tier!"

Sofort stehen
alle Kinder auf.
Sie wollen Malin
suchen helfen.

27

„Nicht so laut!",
ruft Frau Klein.
Aber niemand
hört auf sie.

Alle Kinder toben
durch den Klassenraum.
Dina wühlt im Papierkorb.
Murat durchsucht die Regale.

29

Leni robbt auf dem Bauch
unter den Bänken herum.
Und Malin schaut
in alle Schulranzen.

Ein paar Kinder wollen sogar
den Schrank verschieben!
Das macht einen Höllenlärm.

Plötzlich geht die Tür auf.

Der Rektor kommt herein.

„Was ist denn hier los?",

fragt er erstaunt.

„Malins Tier ist weg",
schallt es ihm entgegen.
„Meine Schildkröte Emma",
ergänzt Malin.

„Aber da sitzt doch
eine Schildkröte",
sagt der Rektor und
deutet auf die Kuscheltiere.

„Die ist nur aus Stoff",
lacht Murat.
„Und Emma ist
ein echtes Tier."

Doch Malin bekommt
ganz große Augen.
Denn da sitzt nicht nur
eine Schildkröte.

Neben ihr sitzt auch noch
eine zweite
und die bewegt ihren Kopf.
Emma ist wieder da!

Der Schneekönig

Es schneit und schneit.
Überall liegt Schnee.
Aber heute fällt extraguter,
pappiger Schneemann-Schnee.

In der Pause
sind alle Kinder
auf dem Schulhof
und rollen Schneekugeln.

Mia und Mara
bauen einen Schneemann.
„Meine Mütze steht ihm gut!",
ruft Mia.

Mara bindet dem Schneemann
ihren Schal um.
„Schön!", sagt Frau Maiwald
und macht ein Foto.

Da kommen fünf Kinder

aus der 4. Klasse.

Sie rollen eine Riesenkugel

durch den Schnee.

Sie stoßen und ziehen.

Sie rutschen aus.

Sie schnaufen und prusten.

So schwer ist die Kugel.

Die anderen Kinder staunen.
„Das können wir auch!",
rufen sie und rollen Kugeln,
so groß wie sie selbst.

Gemeinsam schieben die Kinder
die Schneekugeln
zu einer runden Kugelburg
zusammen.

Mias und Maras Schneemann
sieht neben der Burg
ganz winzig aus.

„Toll!", sagt Frau Maiwald
und macht wieder ein Foto.
Dann gongt es
und alle müssen hinein.

Die Schuhe sind voll Schnee
und die Hosen sind nass.
Die Hände sind eiskalt.
Aber alle sind richtig froh.

Überall im Klassenraum
liegen Sachen zum Trocknen.
Frau Maiwald stopft altes Papier
in die nassen Schuhe.

Jetzt schmeckt das Frühstück
den Kindern besonders gut.
„Wo ist eigentlich Paul?",
fragt Mia.

Er frühstückt nicht.

Er ist nicht auf dem Leseteppich.

Paul ist weg!

Alle müssen ihn suchen!

Jetzt aber schnell!

Rein in die nassen Hosen,

Jacken an, Mützen auf

und raus auf den Schulhof!

„Paul!", rufen die Kinder.

„Paul, wo bist du?"

Sie suchen überall.

Dann wird es seltsam still.

„Hier", ruft eine dünne Stimme.
Schnee fällt dicht und leise
auf den kleinen Schneemann
und die große Kugelburg.

„Paul ist in der Kugelburg!",
ruft Mia.
„Frau Maiwald, kommen Sie!
Wir müssen ihn befreien!"

Zum Glück ist Frau Maiwald
groß und stark.
Sie rollt mit den Kindern
eine riesige Schneekugel weg.

Da steht der zitternde Paul.

„Mir ist kalt", schlottert er.

Auf seiner Mütze türmt sich

der Schnee wie eine Krone.

„Paul ist unser Schneekönig!",
rufen die Kinder.
Und dann eilen sie
alle zusammen ins Warme.

Mit der Silbenmethode lesen lernen

In den vorliegenden Geschichten sind die
Sprechsilben farbig voneinander abgehoben.
Diese Markierung hilft Leseanfängern dabei,
sich vom einzelnen Buchstaben zu lösen
und zu größeren Leseeinheiten zu gelangen.
Der Sinn der Wörter lässt sich dadurch leichter
erschließen.

In den meisten Fällen entsprechen die Sprechsilben der möglichen Worttrennung am Ende
einer Zeile. Dies ist jedoch nicht immer der Fall.
Einen wesentlichen Unterschied gibt es bei
Wörtern mit Sprechsilben aus nur einem Vokal
(aber, Ole, über). Einzelne Vokalbuchstaben
am Wortanfang oder -ende werden nach
der aktuellen Rechtschreibung nicht getrennt.

Leseprofi von Duden – von Anfang an richtig

1. Klasse
Silbe für Silbe
Geschichten für Tierfreunde
64 Seiten, gebunden.
ISBN 978-3-7373-3253-8

1. Klasse

Jeweils 48 Seiten, gebunden.

- Hase Runkel haut ab
  ISBN 978-3-7373-3260-6
- Das Gespenst im Klassenzimmer
  ISBN 978-3-7373-3231-6
- Die Jagd nach dem Dino
  ISBN 978-3-7373-3261-3
- Total verrückt nach Fußball –
  Die Matsch-Kicker
  ISBN 978-3-7373-3275-0

2. Klasse

Jeweils 64 Seiten, gebunden.

- Die beste Freundin der Welt
  ISBN 978-3-7373-3269-9
- Fußballhelden
  ISBN 978-3-7373-3256-9
- Ein Fall für die Hafenkatzen
  ISBN 978-3-7373-3258-3
- Ein Schulfest mit Zoff und Zauberei
  ISBN 978-3-7373-3259-0

Alle Duden Leseprofis finden Sie unter **www.duden-leseprofi.de**